Lh 5.
197.

PRÉCIS HISTORIQUE

DES MOYENS EMPLOYÉS

Par M. BEAUNIER,

CAPITAINE QUARTIER-MAÎTRE-TRÉSORIER DU 14ᵉ RÉGIMENT
DE CHASSEURS A CHEVAL, CHEVALIER DE L'ORDRE ROYAL
DE LA LÉGION D'HONNEUR,

POUR LA DÉFENSE

DE LA PLACE DE BELFORT,

ASSIÉGÉE par les Troupes Bavaroises et Autrichiennes, sous les ordres de MM. les Généraux RECHBERG, BIANCHI et DRESCHELD, du 24 décembre 1813, au 16 inclus d'avril 1814.

AVANT-PROPOS.

La Place a tenu du 24 décembre 1813, au 16 avril de 1814... 113 jours.
Elle n'a tenu dans les plus longs siéges qu'elle a soutenus dans les anciennes guerres, que.. 61 jours.
En plus...... 52 jours.

La Place a tenu........ 113 jours.
Elle ne pouvoit tenir par le moyen des vivres trouvés dans les magasins militaires et ailleurs au moment du blocus, que.... 28 jours.
Elle a donc tenu en plus par les moyens employés pour sa défense, et qui seront ci-après expliqués............ 85 jours.

PRÉCIS HISTORIQUE

Des moyens employés par M. BEAUNIER, *Capitaine Quartier-Maître du* 14ᵉ *Régiment de chasseurs à cheval, pour la défense de la Place de Belfort, assiégée par les troupes Bavaroises et Autrichiennes, sous les ordres de MM. les Généraux* RECHBERG, BIANCHI *et* DRESCHELD, *du* 24 *décembre* 1813, *au* 16 *inclus d'avril* 1814.

Le 26 décembre 1813, deux jours après l'investissement de la ville par les troupes ennemies, le commandant de la place et le conseil de défense assemblés, nommèrent deux commissaires pour les approvisionnemens et la conservation des subsistances.

Le même jour, 26 décembre, ces deux commissaires firent un recensement général des denrées en tous genres qui se trouvaient dans les magasins militaires.

Il fut également fait une visite chez les habitans, pour s'assurer des moyens de subsister que chacun avait, afin de voir les ressources que pourraient offrir l'excédant des besoins de chaque famille, en calculant sur la longueur présumée du blocus.

La garnison était d'environ 3,000 hommes, officiers compris, et on voulait tenir au moins soixante et un jours, temps qu'avait duré le plus long siége soutenu par la place de Belfort dans les anciennes guerres; mais pour cela il fallait des vivres, et les commissaires n'avaient trouvé, dans les magasins militaires et chez les particuliers, des grains et des farines, que pour quatre-vingt-quatre mille rations de pain seulement, et il s'en fallait de beaucoup que les autres denrées fussent dans la même proportion.

Les connaissances que les commissaires avaient acquises du peu de ressources que tous les moyens réunis offraient pour un siége de soixante et un jours; quelques propos tenus à l'occasion d'une réquisition ordonnée par le commandant de la place, en vertu d'un arrêté de M. le général Maingaut, sous-préfet, et dont ils devaient suivre l'exécution, déterminèrent bientôt l'un d'eux à abandonner sa mission, et à laisser le soin de pourvoir aux besoins de la place à M. Beaunier, capitaine quartier-maître-trésorier du 14ᵉ régiment de chasseurs à cheval, chargé comme lui de ce service important.

M. Beaunier sentit alors toute l'importance des fonctions dont il se trouvait seul chargé; mais, bien convaincu que rien n'est impossible à l'homme actif et persévérant, il se livra tout entier, et malgré les nombreux obstacles qu'il avait à combattre, aux moyens que lui offraient les localités pour faire subsister la brave garnison, sauver la ville d'une occupation ennemie, servir son pays et soutenir la gloire des armées françaises.

Il poursuivit et surveilla les réquisitions ordonnées, qui lui procurèrent peu de grains à la vérité, mais une quantité assez considérable de vins et d'eau-de-vie, dont il sut par la suite tirer le plus grand parti.

Dans les premiers jours de l'investissement, les distributions se faisaient sans ordre : il fallait l'y établir. M. Beaunier y parvint bientôt par son zèle et par son activité; et, pour éviter toute confusion dans cette partie essentielle du service, il prit le moyen de les faire annoncer, chaque jour, par un ordre du commandant de la place; cet ordre indiquait les heures de la distribution, les quantités et espèces de subsistances que chaque homme devait recevoir, ou les remplacemens d'une denrée manquante, par une autre dont on était mieux pourvu.

Dans les visites primitives, qu'avaient faites

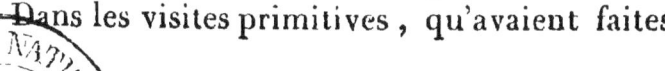

les commissaires, on avait trouvé une quantité assez considérable de gerbes de blé à la poste aux chevaux; M. Beaunier les fait égrener dans la grange de cette maison, et dans une autre dite Dufourneau (petit faubourg sous le fort.) Tous les jours il visitait ces deux endroits, faisait rentrer les blés dans les magasins de la ville, rendait compte au commandant de la place de ses opérations, et tout le service, dont il était chargé, marchait de niveau.

Tous les jours on recueillait bien quelques grains, mais les moulins à eau qui se trouvaient dans la ville étaient d'une indispensable nécessité pour réduire les grains en farine, les moulins à bras ne pouvant seuls fournir à cette opération, et la troupe étant déjà trop fatiguée de son service, qui était très-pénible, ne pouvait y être employée.

L'ennemi sut ou s'aperçut que les eaux de la rivière étaient nécessaires à la garnison; car, contre l'avis de M. Beaunier, on avait éveillé son attention sur cet objet, jusqu'alors échappé à sa vigilance. L'ennemi coupa donc les eaux, et le service étoit sur le point de manquer.

Cependant il fallait remédier au mal, et personne ne voyait d'autre moyen que celui d'aller attaquer l'ennemi aux Forges pour y détruire une forte digue, contenant les eaux d'un étang qui s'y trouve. M. Beaunier ne fut point de cet avis; c'était une expédition qu'il aurait fallu renouveler trop souvent, et la force de la garnison ne permettait pas de semblables escarmouches.

Il avait remarqué qu'il passait encore un peu d'eau en ville, malgré les travaux de l'ennemi pour l'empêcher ; il parvint à l'écluser, et il réussit par ce moyen à faire tourner, deux ou trois heures sur vingt-quatre heures, une des roues du moulin de la ville, ce qui fut d'un très-grand secours, et pour la garnison et pour les habitans.

On était déjà au 15 janvier 1814, et il ne restait plus de grains et farines que pour faire, pendant dix jours seulement, le pain qui était nécessaire à la consommation journalière de la garnison. M. Beaunier proposa de réduire la ration à vingt onces, et le 20 suivant elle fut fixée à seize onces par homme.

Les grains et farines qui restaient encore en magasin diminuaient d'une manière effrayante, mais le zèle et l'activité de M. Beaunier, vinrent de nouveau ranimer les espérances de la garnison. Il découvrit plus de trois mille hectolitres d'avoine, et il ne s'occupa plus que de les utiliser de la manière la plus avantageuse. Il se rappela que Charles XII, roi de Suède, avait fait manger du pain d'avoine à ses soldats pendant sa fameuse campagne de Russie. Placée comme ce prince, la garnison de Belfort était menacée de la famine ou obligée de se rendre, si, comme lui, elle ne faisait usage du secours qui s'offrait à elle. Les médecins furent cependant consultés sur les moyens à employer pour tirer partie de cette avoine. Il fut décidé qu'on la ferait émonder comme de l'orge, et qu'on la distribuerait en remplacement de riz dont on manquait, même pour les malades. M. Beaunier faisait porter ces avoines chez les brasseurs pour les chauffer, afin que l'opération de l'émondage fût plus facile. L'expérience démontra que ce procédé était très-avantageux.

En conséquence, la distribution fut ordonnée par le commandant de la place, en indiquant la manière de la préparer pour qu'elle fût plus nutritive. On donna huit onces d'avoine au soldat. Les jours que l'on donnait huit onces d'avoine à chacun, on ne délivrait que huit onces de pain, mais on donnait un demi-litre de vin au lieu d'un quart, et le service allant au gré de tout le monde, faisait concevoir les plus grandes espérances.

Mais de nouveaux malheurs vinrent accabler la garnison, et plonger tout le monde dans la consternation, en ôtant à chacun tout espoir de salut, et à la garnison, en particulier, celui de pouvoir consommer les grains qui lui restaient.

L'ennemi, s'étant encore aperçu des moyens qu'on avait employés pour déjouer ses tentatives et résister à ses efforts, coupa, cette fois, totalement les eaux de la rivière dont on tirait un si bon parti, et l'on voyait avec effroi que tout ce qui avait été entrepris et fait jusqu'alors, serait inutile pour la brave garnison, et pour les bons habitans qui l'avaient aidée si généreusement de tous leurs moyens.

Il ne fallait rien moins que la persévérante activité de M. Beaunier, pour se tirer d'une position aussi accablante. Il sortit de la ville avec la permission du commandant de la place, et parcourut seul les avant-postes donnant sur la rivière qui passe à peu de distance du rempart. Il examina, avec beaucoup d'attention, le lit la rivière. Il conçut le projet de l'arrêter par une forte digue, afin de le jeter dans la place, seul moyen de prolonger sa résistance en utilisant les grains qui restaient encore pour faire subsister les troupes.

Il fit part de son projet au commandant de la place, qui ordonna aux officiers du génie de se rendre sur les lieux pour examiner le terrain, et s'assurer de ce qu'il était possible de faire pour l'exécution de ce projet, dont M. Beaunier présentait la réussite comme infaillible. On examina le lit de la rivière; on nivela le terrain, et, après quelques observations sur les difficultés, on commença enfin des travaux qu'il avait déjà proposés, lorsque l'ennemi avait coupé les eaux pour la première fois.

Aussitôt que les postes autrichiens s'aperçurent que l'on travaillait dans la rivière, ils se doutèrent des dispositions prises pour avoir les eaux dans la ville; en conséquence, ils firent inquiéter les travailleurs par des tirailleurs, et les ouvriers furent forcés d'abandonner un travail dont tout le monde sentait l'importance.

Ce nouvel obstacle n'abattit point le courage de M. Beaunier; il laissa partir les ouvriers, et resta seul sur le terrain pour examiner de nouveau, et voir ce qu'il pourrait faire pour déjouer les tentatives de l'ennemi, et faire terminer un travail, sans lequel il était démontré que la place ne pouvait pas tenir quatre jours sans demander à capituler.

Il fallait donc éloigner l'ennemi; mais la garnison était trop faible, et l'artillerie du fort trop éloignée pour atteindre ce but; il fallait donc recourir à d'autres moyens. M. Beaunier reconnut un vieil ouvrage à corne qui dominait la plaine et le poste ennemi, qu'il était nécessaire d'éloigner. Son examen le mit à même de juger, qu'avec un peu de travail on pourrait placer sur cette partie de fortification une pièce de huit ou de douze et un obusier. Il fit de suite, et sans perte de temps, part de ses observations au commandant de la place; celui-ci se transporta sur les lieux, accompagné de MM. les officiers supérieurs du génie, de l'artillerie et les membres du conseil de défense. Là, on décida que ce que proposait M. Beaunier était très-difficile, à cause du transport de l'artillerie;

mais que le but proposé serait rempli, si on parvenait à établir la batterie.

Cependant dans la nuit même une pièce de douze et un obusier de huit furent placés comme l'avait indiqué M. Beaunier, et à cinq heures du matin on recommença de nouveau les travaux de la rivière, et les ennemis s'étant aperçus des moyens employés pour les éloigner, ne vinrent plus troubler les travaux qui furent, quelques jours après, couronnés du plus heureux succès. La rivière fut entièrement barrée, et jetée en totalité dans la ville, par un canal qui avait été préparé à cet effet, et qu'on nomma de suite *Canal Beaunier*.

Les moulins de la ville furent remis en mouvement, et on tira parti des avoines, seule ressource qui restait pour faire subsister les troupes de la garnison, et malgré quelques personnes qui avaient condamné les projets de M. Beaunier, on obtint pourtant les résultats qu'il s'était proposés, et qui éloignaient le moment redouté de tous.

Déjà on était parvenu aux derniers jours de mars, et l'espérance qu'avaient fait naître dans tous les cœurs quelques mouvemens rétrogrades, aperçus dans les équipages des armées ennemies, mettaient, pour ainsi dire, le commandant de la place, dans la pénible situation de faire encore quelques réductions dans les rations à distribuer à la troupe. Cette réduction eut lieu, et on ne donnait plus que huit onces de pain par jour au soldat; mais graces aux soins de M. Beaunier, qui avait ménagé les liquides, on donnait une plus forte ration de vin, en alternant avec quatre et six onces de viande de cheval, qu'on avait également conservée pour les derniers momens.

Cependant tous les moyens étant épuisés, on se trouva forcé de proposer une capitulation qui fut des plus honorables pour la garnison, et le 16 d'avril 1814, elle sortit de la place avec les honneurs de la guerre (cent treize jours après son investissement), emportant les regrets de tous les habitans et l'admiration des ennemis.

La position locale de Belfort rendait cette ville très-importante pour les armées ennemies. Les routes principales qui y aboutissent, Strasbourg, Bâle, Lyon, Paris et la Lorraine, en faisaient une place d'armes d'autant plus nécessaire pour ces armées, quelles auraient été à même de fournir et recevoir tous les secours demandés, au lieu que sa conservation par la garnison française, interceptant à l'ennemi toutes les communications, lui rendait tous les transports de son artillerie, très-difficiles en les obligeant à passer loin de la place, par des routes qu'il avait été forcé de tracer au milieu des champs, et devenues presqu'impraticables.

On peut donc considérer la défense de la place de Belfort, comme ayant retardé la marche du matériel de l'armée ennemie; ôté à cette armée des troupes dont elle aurait pu disposer ailleurs, et un dépôt bien important pour ses malades et son artillerie.

La conduite de M. Beaunier pendant ce siége, est d'autant plus louable, qu'au moment de son blocus, la place n'était point approvisionnée, et n'avait aucun espoir de recevoir des secours du dehors. Il eut à combattre les nombreuses opinions contraires aux siennes; les propos de quelques habitans qu'il était impossible de ne point provoquer par des mesures contraires à leurs intérêts particuliers, mais commandées par les circonstances : il avait la nature à vaincre, et l'ennemi à tromper; il n'a donc écouté que la voix de l'honneur et de la patrie, et il a prouvé que l'homme vraiment attaché à ses devoirs et à son pays, ne se laisse point abattre par les revers, mais leur est toujours supérieur.

———

Les habitans de Belfort ont donné à M. Beaunier, comme un témoignage de leur reconnaissance, un certificat ainsi conçu :

« Les Soussignés habitans de Belfort certifient, à tous
» ceux à qui il appartiendra, que M. Laurent Beaunier,
» Quartier - Maître - Trésorier du 14ᵉ régiment de chas-
» seurs à cheval, a employé pendant la durée du blocus

» de cette place, en qualité de commissaire pour les appro-
» visionnemens, les mesures les plus utiles pour procurer
» à la garnison les subsistances dont les magasins militaires
» étaient dépourvus lors de l'investissement ; que ses soins
» vigilans, et son zèle infatigable, ont beaucoup contribué
» à la longue résistance que l'ennemi a éprouvée devant les
» murs de Belfort. En foi de quoi, et pour rendre hommage
» à la vérité, nous lui avons délivré le présent.

A Belfort, le 20 juillet 1814.

Signé, les principaux et notables habitans de BELFORT.

De l'Imprimerie de DEMONVILLE, rue Christine n° 2.

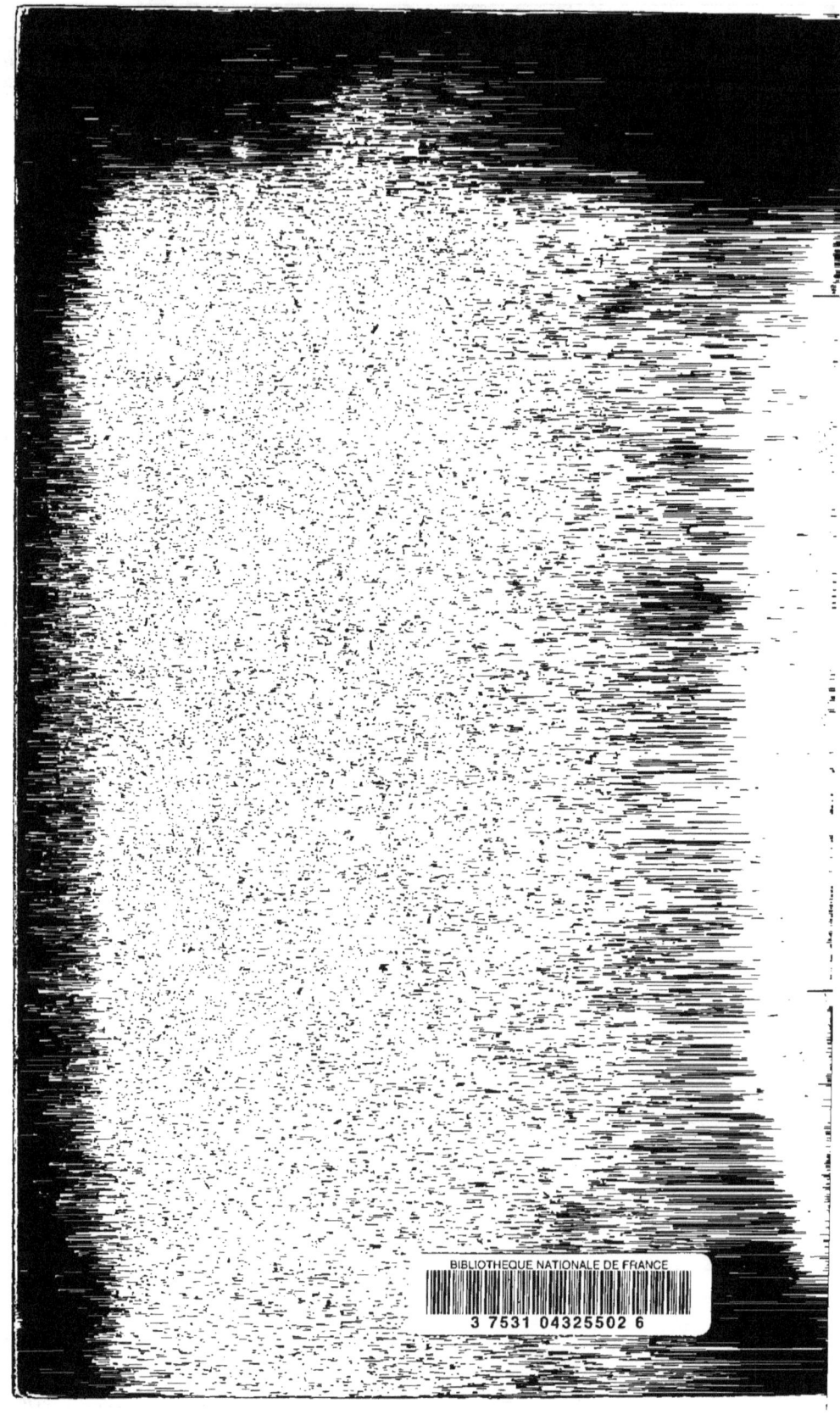

www.ingramcontent.com/pod-product-compliance
Lightning Source LLC
Chambersburg PA
CBHW060450050426
42451CB00014B/3253